IL CASTIGO PREVENTIVO

La difficile sfida dell'educazione

Kenneth N. Patcha
2016

Dedica

Il mio primo pensiero va alla mia amata e moglie, Viviana, che mi ha regalato due splendidi figli e che con dedizione quasi sovraumana si spende per rendere la nostra vita in famiglia più serena possibile.

Con molta, ma molta pazienza, mi ha supportato in questo tentativo di dare un contributo al difficile compito educativo per aiutare gli altri a vivere con maggiore serenità l'arte di educare i propri figli.

I figli sono la garanzia di un futuro e di un avvenire migliore se sapranno di avere un ruolo importante e sapranno compiere, durante la fase della crescita, scelte che li orienteranno a diventare adulti in grado di rendere migliore il mondo ereditato dai loro genitori.

Il secondo pensiero va a Raffaele e Annalisa che con molta ironia hanno dato il loro appoggio a questo progetto. In qualche modo sono stati loro a ispirarmi nella decisione di condividere con voi la mia esperienza di genitore-educatore. Pensare a un amore gratuito e continuo nell'educazione, senza dubbio, è stato reso possibile anche dalla loro risposta alla vita.

Infine un pensiero a voi che mi supportate acquistando una o più copie di questo libro e anche a tutti voi che avete contribuito attraverso la diffusione e la pubblicità.

Sommario

Introduzione

L'arte di educare non è né naturale né automatica. In questo libro condivido con voi la mia personale filosofia sull'educazione dei figli attraverso l'educazione di se stessi.

Immaginate vostro figlio o vostra figlia cosi com'è adesso. Ora immaginate la sua vita andando indietro nel tempo cercando di ricordarvi più cose possibili fino al giorno della sua nascita. Fissando i pensieri ai primi momenti dopo la nascita vengono in mente tante emozioni che possono esprimere gioia, tristezza, rabbia o indifferenza, perché non tutti i figli nascono come frutto dell'amore tra due genitori che li cercavano. Alcuni figli nascono in periodi che costringono i loro genitori a cambiamenti per i quali non erano preparati. Questi cambiamenti possono essere grandi o piccoli, dall'interruzione degli studi, all'organizzazione del matrimonio, al cambiamento di casa, al cambiamento dell'abituale ritmo del sonno. Spesso molti genitori scoprono la verità su loro stessi solo con l'arrivo del primo figlio.

Kalil Gibran descrive in poche righe nel libro "The Madman" come i disagi legati a questi cambiamenti forzati possono rimanere sepolti nel nostro subconscio. Scrive così:

"Nella città dove sono nato vivevano una madre e una figlia che camminavano nel sonno. Una notte, mentre il silenzio avvolgeva la terra, le due donne, camminando ancora addormentate, s'incontrarono nel giardino velato di nebbia leggera. E la madre parlò e disse: "Finalmente, nemica mia, finalmente! Tu che hai distrutto la mia giovinezza, tu che hai

costruito la tua vita sulle rovine della mia! Potessi ucciderti!".
E la figlia parlò e disse: "Donna odiosa, vecchia ed egoista!
Tu che ti ergi fra me e la libertà! E vorresti che la mia vita
fosse un'eco della tua esistenza sfiorita! Vorrei tu fossi
morta!".
In quell'istante cantò un gallo, ed entrambe le donne si
svegliarono. Dolcemente la madre disse: "Sei tu tesoro?".
E dolcemente rispose la figlia: "Sì, cara".

In quale misura i sentimenti non espressi o i sentimenti dei
quali non siamo consapevoli possono incidere sul modello
educativo che usiamo con i nostri figli? Questa domanda sta
alla base del modello educativo che vi propongo e vi
suggerirò nei capitoli che seguiranno alcuni atteggiamenti
necessari per cogliere la risposta a questa domanda.

Questo libro si poteva intitolare in vari modi: "Educazione
nell'età evolutiva" o "Educare con intelligenza", "Educare
consapevolmente" o anche "Educare se stessi per educare al
rispetto" e infine "Educare nel rispetto dei figli". In ognuno dei
possibili titoli emerge la volontà di focalizzarsi
sull'educazione in generale ma in questo libro l'enfasi sarà
sul genitore che educa. La scelta del titolo "Il Castigo
Preventivo" punta a far emergere il contrasto educativo su
cui si appoggia il metodo che andremo a sviluppare e
permette già dalle poche parole del titolo di intuire
l'orientamento e l'impostazione del metodo. Il lettore è
invitato a rimanere concentrato sul messaggio, difficile ma
fondamentale, che permette di diventare genitore che educa i
propri figli con totale consapevolezza, totale attenzione e con
la possibilità di una verifica automatica e ripetuta che non
lascia spazio a errori di valutazione nell'utilizzo del metodo.
Vi parlerò di tre "segreti" che, se applicati, rendono
l'educazione non solo sicura ma anche piacevole sotto certi
versi. Persino i nostri figli stessi saranno in grado di capire e
seguire la linea educativa che ci prefissiamo.

Il mio consiglio è di leggere fino alla fine, e anche se alcuni passaggi potrebbero indurvi a non arrivare in fondo e a perdere la fiducia nella buona riuscita del metodo, continuate a leggere e, in quanto educatori che si mettono in discussione, troverete un tassello importante per portare avanti il compito impagabile di genitori che educano. L'arte di educare non è né naturale né automatica. Per educare e riconoscersi educatori ci vuole una specifica preparazione. Non basta diventare genitori per considerarsi e sentirsi educatori capaci. Un continuo aggiornamento e un assiduo confronto sono elementi fondamentali per il successo nell'applicazione del metodo.

Viviamo in un'epoca che ha perso la gradualità degli avvenimenti. Oggi i cambiamenti avvengono in fretta senza lasciare il tempo ai genitori di adeguarsi. Il rischio di essere genitori non al passo con i tempi è alto. Non è possibile isolarsi in un mondo a parte per sfuggire ai cambiamenti che ormai avvengono anche senza il consenso popolare. Oggi ci viene comunicato l'evento o l'oggetto di tendenza e il ripetuto bombardamento mediatico fa il resto. Ci troviamo a desiderare cose senza poter realmente giustificare la necessità di possederle.

Occorre fare delle scelte educative che si basano su valori che non passano col tempo e che non si sfigurano con i tempi che cambiano. Vedremo alcuni di questi valori e cercheremo di viverli in modo naturale nelle esperienze di tutti i giorni.

Capitolo 1: Per chi è questo libro e perché leggerlo

Questo libro si rivolge in maniera diretta ai genitori con figli in età evolutiva, volenterosi di dare una sana e duratura educazione ai loro figli. Più grandi sono i vostri figli, più grande sarà per voi il lavoro su voi stessi per trovare il giusto equilibrio nell'applicazione del metodo del castigo preventivo. Già da queste prime righe intuite che il mestiere di genitore-educatore si articola principalmente sulla capacità dei genitori di educare e meno sulla capacità dei figli di lasciarsi educare. Ma che cosa vuol dire educare i nostri figli?

Per molti genitori si tratta semplicemente di un tentativo, più o meno conscio, di riprodursi, cioè, di portare i loro figli in età adulta ad assomigliare a loro stessi. Questi genitori fissano gli standard educativi sul loro vissuto e la loro vita diventa l'unica unità di misura per la vita dei loro figli. In alcuni casi questo modello educativo genera conflitto anche sui diritti dei figli a istruirsi. "Nessuno di noi ha studiato eppure siamo qui, abbiamo un'attività da mandare avanti." arrivano a dire ai loro figli. In altri casi, e questo si è visto nelle famiglie figlie del colonialismo, si instaurano veri e propri rapporti di tipo servo-padrone, rapporti in cui i figli non devono e non possono mai aspirare a superare nelle idee e in intelligenza il genitore. Il genitore comanda e il figlio obbedisce. Tu andrai in seminario. Tu sposerai il figlio di…. Tu andrai in quel collegio.

Per altri ancora si tratta di dare ai figli tutto quello che loro genitori non hanno avuto da bambini. Questi genitori si sentono realizzati solo quando i loro figli sono i primi o insiemi ai primi, in tutto quello che fanno.

Si devono vestire all'ultima moda o comunque in modo da spiccare nella massa ma senza distinguersi troppo. Per questi genitori dire di no per qualcosa ai loro figli equivale a una sconfitta e a volte s'indebitano pur di dare ai loro figli oggetti o posizioni che poi faticano a mantenere e a sostenere.

Per altri ancora si tratta di dare ai propri figli il meglio che possono dargli. Questi sono spesso genitori benestanti che trovano nelle scelte esclusive, potendosele permettere, il meglio per i loro figli. La scelta della scuola, la scelta delle amicizie, la scelta delle attività extrascolastiche, tutto è impostato in modo da dare il meglio ai loro i figli. Questi si vestono seguendo una moda esclusivista o su misura. Generalmente, per questi genitori dire di no è un obbligo perché hanno già fatto tutte le scelte buone al posto dei loro figli.

Quando si acquisisce un compito, qualunque esso sia, ci si trova fondamentalmente davanti a due decisioni, farlo bene o farlo male, farlo felicemente o farlo tristemente. Tutte le considerazioni che facciamo si traducono in queste due scelte. Tanti sono i fattori che consideriamo davanti alle scelte importanti della vita, come la scelta dello studio, la gratifica che ne deriva, la competenza necessaria, la ricompensa, il tempo richiesto, il costo, sarà una scelta approvata o sarà una scelta contestata. Allo stesso modo la scelta di diventare genitore-educatore merita di attraversare tutte le fasi di analisi prima che il desiderio si concretizzi. A volte ci si trova genitori senza aver esplicitamente desiderato di trovarcisi. Anche in questo caso la scelta è se farlo bene o se farlo male, se farlo con un sorriso o se farlo con cattiveria.

In entrambi i casi, sia che il figlio o la figlia siano o no voluti, quando si è genitori è necessario prepararsi per esserlo in modo coerente con l'educazione che si vuole trasmettere ai propri figli.

Quando si è un genitore attivo anche nel linguaggio traspare il grado di serietà con cui si intende affrontare il compito educativo. Si cessa di dire "faccio il papà" per dire "sono papà", "faccio la mamma" per dire "sono mamma". Si cessa di dire "ho due figli" per dire "sono mamma o papà di due figli".

A un lettore poco attento i differenti modi di dire possono sembrare dettagli inutili, ma dopo che il metodo del castigo preventivo sarà diventato parte integrante della vostra vita da genitori-educatori, troverete naturale parlare in questo modo perché tutto diventerà una questione di come siamo e poco una questione di cosa facciamo. Come siamo noi è una delle colonne su cui costruiamo delle vere relazioni e anche educare richiede che ci sia una relazione. Leggere questo libro fornirà un approccio educativo visto da una prospettiva insolita ma solida. Sono consapevole che educare può essere una vera e propria sfida ma come per tante altre cose prima si inizia la pratica, migliori si diventa nell'esecuzione. Non ci sono tante possibilità o occasioni per una verifica del compito educativo, se non la serenità dei nostri figli e la loro crescita nella capacità di rispettare le regole concordate. A scuola abbiamo gli esami che indicano quanto i nostri figli stanno imparando da un punto di vista accademico ma a casa i genitori e i figli non hanno modalità così articolate. Inevitabilmente la misura di correttezza dell'educazione è stata lasciata alle singole famiglie, con il rischio che ogni famiglia sente di mettere in atto il modello migliore.

Per alcune famiglie non si può neanche parlare di metodo educativo in quanto ognuno, figli e genitori, è lasciato a se stesso e gli avvenimenti semplicemente succedono.

Si consiglia la lettura anche a:
-Tutti gli educatori non genitori di bambini o ragazzi
-Tutti gli educatori professionisti e a tutti gli insegnanti
-Ai nonni che hanno un ruolo educativo in famiglia o che vorrebbero averlo.
-A chiunque coltivi il sogno di diventare genitore.

Capitolo 2 - Perché un libro sull'educazione

Una cosa è scrivere un libro per professione, tutt'altra cosa è scrivere un libro per la condivisione. Condividere un metodo educativo che, a mio parere, preso con la giusta serietà, umiltà e volontà può davvero aiutare chi come me desidera dare il meglio ai propri figli, anche quando si tratta di educazione. L'ostacolo più grosso che si incontra siamo noi stessi e la nostra riluttanza a mettere in discussione, anche solo per un attimo, le nostre convinzioni che spesso sono un insieme di giudizi dati solo in base a esperienze passate o a esperienze sul vissuto.

I nostri figli sono proiettati in avanti verso un futuro al di fuori del nostro tempo quindi ne dovremo tenere conto anche con la nostra scelta educativa per non legarli al tempo passato che abbiamo vissuto noi, quel tempo non tornerà più. Ma come educare tendendo a un futuro sconosciuto?

Una delle sfide più ardue oggi è quella dell'educazione per preparare gli adulti di domani. Questo compito è spesso affidato, nel modello culturale dominante della nostra società, a genitori con così poca esperienza di vita vissuta che, spesso, loro stessi si rivolgono ad altri educatori in cerca di aiuto. Questo quando il giovane genitore ha la fortuna o la capacità di riconoscere la propria posizione d'inesperto, ma la stragrande maggioranza dei giovani genitori si considera capace di educare solo in virtù di avere lo status di genitore.

Questo libro presenta un metodo per affrontare tale sfida da un punto di vista difficile ma senza lasciare scampo a scorciatoie nel compito educativo.

Sono convinto che solo attraverso la condivisione delle idee possiamo assicurare una vera crescita della nostra società e sperare in un futuro migliore. Solo trasmettendo ai nostri figli i valori che oggi riteniamo importanti possiamo essere fiduciosi e sperare in un futuro che verrà migliorato da coloro che ora abbiamo il compito di educare.

Davanti a quello che può sembrare un degrado della nostra società potevo scegliere tra tre opzioni: non fare niente, leggere il libro di qualche altro autore, oppure condividere la mia diretta esperienza maturata in questi sedici anni di educatore-genitore. Così ho iniziato la campagna di convincimento e di ricerca d'un partner in grado di trasformare le mie idee sull'educazione collocandole in un contesto psicologico, famigliare alla maggior parte di noi. Il concetto stesso del castigo preventivo sembrava essere l'ostacolo più grande verso una qualsiasi collaborazione. Ci si chiedeva com'era possibile dare un castigo preventivamente. Non ha senso parlare di castigo preventivo mi dicevano tutti. Spesso non mi lasciavano nemmeno spiegare la filosofia e i sentimenti che governano il metodo. "Un castigo non può essere preventivo" mi è stato spesso ripetuto, ma l'importanza dell'idea non mi dava tregua. Delle tre possibilità che

Una mamma chiede alla sua bambina che lavoro vuole fare da grande. La bambina ci pensa per qualche secondo e risponde: 'Voglio fare la mamma.' La mamma spiega che si può fare la mamma e anche qualche altro lavoro come il medico o l'insegnante. Allora la bambina risponde: 'Vorrei fare la mamma e un po' anche il papà'.

avevo, di non fare niente, di leggere il lavoro di qualche altro esperto o di rendere pubblica la mia intuizione, avevo scelto proprio quest'ultima e dovevo dare corpo a quest'idea per renderla di facile comprensione e applicazione.

Allora ho iniziato a scrivere mentre continuava la ricerca di un collaboratore e correttore delle bozze, oltre a una figura in grado di controllore la giusta applicazione degli aspetti legati all'età evolutiva.

Finalmente ho trovato in mia moglie un valido aiuto editoriale e di controllo delle fasi di trasformazione, passando dall'idea del castigo preventivo alla sua applicazione nelle fasi di crescita del bambino.

Capitolo 3 – L'età evolutiva del bambino

Qualche studioso afferma che i nostri figli ancora nel grembo materno sono in grado di interagire con il mondo esterno. Per le mamme attente questa affermazione trova conferma nel fatto che si instaura una vera relazione tra la mamma e il figlio o figlia che deve nascere e con piccoli gesti, come la carezza sulla pancia, la mamma esprime al nascituro tutto il suo affetto e il suo desiderio di averne cura.

Ci sono tanti libri scritti sull'evoluzione del bambino e non è il caso di riscrivere tutto quello che altri autori hanno già scritto. Qui invece riprendo alcune caratteristiche o capacità del bambino che il metodo del castigo preventivo enfatizza nelle varie fasi della crescita.

Da zero a quattro mesi

Da zero a quattro mesi il bambino ha un forte bisogno di essere nutrito, pulito e di sentirsi in un ambiente confortevole e al sicuro. E' importante che ci sia il contatto fisico con qualcuno che lo tiene stretto a sé quando manifesta di averne bisogno. E' importante per il genitore saper distinguere i bisogni del bambino dai propri. Per esempio se il bambino sta tranquillo nella sua culla e non piange non occorre prenderlo in braccio, ma se piange, manifestando un disagio, il genitore interrompe qualsiasi attività per interagire con il bambino e riportarlo nello stato di tranquillità e di sicurezza che il bambino richiede in quel momento.

Da quattro a dodici mesi

Da quattro a dodici mesi il bambino inizia ad avere coscienza dell'ambiente che lo circonda e inizia l'interazione con il mondo esterno. Il bambino fa tante scoperte casuali sul comportamento degli oggetti. Si sviluppa la consapevolezza degli oggetti anche quando non sono più in vista dando i primi segni di avere memoria degli oggetti. Il genitore attento alla crescita del bambino dovrebbe facilitare il bambino in questa fase di scoperta, predisponendo l'ambiente a essere un "ambiente di scoperta" e non un ambiente in cui il bambino non può toccare nulla per paura che rompa qualche oggetto di valore o per paura che si faccia male. Più avrà fatto esperienze del risultato delle sue azioni in questa fase dello sviluppo più sarà in grado di capire più avanti le conseguenze delle sue azioni, e più sarà in grado di trovare le connessioni tra le sue azioni e le loro conseguenze. Il bambino è incurante dei pericoli ed è incline a farsi male se non è sotto diretta osservazione del genitore.

Vedremo più avanti come questa fase, se vissuta con intensità, facilita l'applicazione del metodo educativo del castigo preventivo.

Dai dodici ai diciotto mesi

Dai dodici ai diciotto mesi il bambino inizia a manifestare atti di intelligenza collegati al movimento. Usa gli strumenti per raggiungere gli oggetti che gli interessano. Per esempio tira la tovaglia per avvicinare un oggetto lontano che si trova sul tavolo. Tira la tovaglia per vedere gli oggetti che sono sul tavolo. Inizia una vera e propria fase di continua sperimentazione. Quasi ogni cosa è una novità e più sperimenta più ha voglia di sperimentare. Inizia a camminare o cammina da poco quindi raggiunge e utilizza tutto ciò che trova, pentole, posate, sedie, soprammobili, esplora l'ambiente in cerca di nuove scoperte e torna spesso a ripetere le scoperte più interessanti. Il genitore attento all'educazione del figlio rende l'ambiente in cui vive il bambino sicuro lasciando alla portata del bambino solo gli oggetti che lui può maneggiare e con i quali sperimentare ed esplorare. Il bambino deve potersi muovere in modo naturale e deve potersi avvicinare agli oggetti che vuole raggiungere, se adatti a lui. Mentre gli oggetti pericolosi devono essere posti fuori dalla sua portata. Per esempio, inutile arrabbiarsi se tocca ripetutamente le luci dell'albero di Natale lasciato alla sua portata.

Il bambino impara a conoscere il suo ambiente e non gradisce molto i cambiamenti. Spesso il bambino nel suo ambiente ripete gli sperimenti di maggior successo per lui e quando non si riconosce nell'ambiente in cui vive normalmente manifesta il suo disagio piangendo o diventando molto irrequieto. Non ci si deve sorprendere se durante un viaggio o un soggiorno in albergo il bambino nei primi giorni esprime attraverso il pianto il suo sentirsi fuori posto.

Dai diciotto mesi ai due anni

Dai diciotto mesi ai due anni il bambino inizia a manifestare lo sviluppo del pensiero simbolico, s'immagina gli oggetti non visibili. Usa gli oggetti ed è in grado di cambiare il senso dell'oggetto, cioè, far finta che un oggetto sia un altro. Per esempio, un colapasta può diventare l'elmo del cavaliere.

Il bambino riesce a tenere a mente i movimenti invisibili degli oggetti, per cui se il genitore mette una moneta nascosta nella mano sotto al tappeto e poi tira via la mano, il bambino è in grado di cercare l'oggetto sotto il tappeto.

Il bambino è in grado di allontanarsi dall'oggetto desiderato per poter aggirare un ostacolo tra lui e l'oggetto desiderato.

Il bambino è in grado di fare connessioni causali, cioè di determinare causa effetto. Riesce a immaginare che se un movimento che non ha visto è successo, allora c'è una causa. Per esempio se vede il passeggino muoversi guarda il genitore e magari sorride perché sa che il passeggino si è mosso a seguito di un'azione del genitore.

In presenza di oggetti conosciuti dimostra di conoscere l'effetto delle proprie azioni su di essi. Si ricorda che se preme un tasto sente un motivetto, se preme lo stesso tasto sente lo stesso motivetto, se preme un altro tasto sente un altro motivetto.

I genitori per garantire che questa fase dello sviluppo venga vissuta in modo educativo dovranno rendere sicuro l'ambiente di esplorazione e di scoperte, dovranno permettere al bambino di cercare e di raggiungere gli oggetti che desidera in autonomia. Poco serve al bambino l'intervento del genitore in questa fase esplorativa, se il bimbo cade, il genitore valuta la pericolosità della caduta e non interviene se non si è fatto male. A volte è proprio l'intervento del genitore che provoca il pianto, in quanto vedendo l'adulto spaventato a sua volta il bambino si spaventa

In questa fase della crescita il bambino è in grado di trovare soluzioni a livello mentale prima di tentare la soluzione a livello pratico, mentre prima cercava la soluzione per tentativi successivi. Il bambino pensa alla soluzione poi la prova. Se funziona bene, se non funziona, pensa alla prossima possibile soluzione e poi la prova.

Dai due ai cinque anni

Dai due ai cinque anni la soluzione cercata a livello mentale si rafforza ma è ancora forte il condizionamento da parte di ciò che vedono. I bambini sono in grado di dare le soluzioni a problemi che presuppongono un'operazione a livello mentale, per esempio, rispondere alla domanda: "sono di più le palline rosse o le palline blu?". Ma ancora non riescono a svolgere contemporaneamente due operazioni mentali, per esempio non riescono a rispondere alla domanda "sono di più le palline rosse o le palline?" perché questa domanda presuppone prima di dividere il gruppo e poi di considerarlo di nuovo intero. Si riconoscono le quantità più per percezione visiva che per numero.

Uno dei punti di maggior imbarazzo per i genitori è il fatto che in questa fase della crescita, per i bambini, non esiste il concetto di poter fare una cosa in una situazione e non in un'altra. Per esempio, "Questo lo puoi fare quando sei con i genitori soli ma non quando c'è l'amico o quando ci sono altri parenti." Se il bambino in casa propria può urinare liberamente nel prato quando non ci sono ospiti, lo stesso farà quando ci saranno gli ospiti. Non si può pretendere che il bambino capisca che quando c'è gente deve comportarsi in maniera differente. Lo stesso se al bambino è permesso di infilare un dito nella zuccheriera o di bere il latte dalla bottiglia, perché lo farà anche alla presenza di ospiti.

Dai sei ai sette anni

In questa fascia d'età si nasconde uno degli aspetti più importanti nell'educazione dei figli, ed è il primo assaggio dell'autosufficienza.

Si rafforzano le abilità e la comprensione di concetti di esistenza immaginaria, il bambino riesce a risolvere problemi a mente in assenza della presenza degli oggetti.

I bambini spesso sono convinti d'aver capito tutto quello che sentono e non gli viene in mente di fare domande per capire meglio.

In questa fase dello sviluppo del bambino, quando i genitori iniziano a pensare che il bambino sia abbastanza grande per capire, è fondamentale ricordarsi che non sempre è cosi. Il bambino è convinto di aver capito ciò che sente perché inizia a basarsi su se stesso per risolvere le sfide che ha di fronte. E' il suo primo contatto con la propria autosufficienza.

Il bambino attribuisce significati propri a parole a lui sconosciute, attribuisce significati propri a situazioni o eventi a lui sconosciuti in modo istintivo.

Durante questa delicata fase dello sviluppo del bambino spesso tra genitori e figli nascono i primi grandi confronti in quanto i bambini porgono molte domande, ma il genitore può scambiare il desiderio di sapere per una sfida nei suoi confronti, e le ripetizioni "inutili" delle stesse risposte alle stesse domande possono dare il via a lunghi periodi di punizioni e di sgridate.

Il genitore che avrà introdotto il metodo del castigo preventivo in questa fase di sviluppo del proprio figlio avrà un grosso vantaggio educativo perché non vedrà in ogni gesto di manifestazione dell'autosufficienza del figlio una sfida e saprà mettere in campo atteggiamenti di correzione e di educazione senza cedere alla tentazione sbrigativa della rabbia e del castigo.

Bambini con più di otto anni

Ciascun genitore dovrebbe valutare, basandosi sul comportamento del bambino, se il risultato che ha ottenuto corrisponde a quello in cui aveva sperato. Il modo migliore per valutare la buona riuscita sta nella tranquillità o nella fatica con cui si vive il rapporto con il figlio. Se il rapporto con il figlio è ritenuto fluido, può essere solo migliorato introducendo i principi del metodo del castigo preventivo ma se invece si fatica nel rapporto con il figlio, possiamo ipotizzare che le fasi dell'età evolutiva non sono state vissute come richiederebbe il metodo del castigo preventivo. Le fatiche non fatte negli anni precedenti si moltiplicano d'intensità perché alcuni concetti basilari, come l'ascolto, l'attenzione, il rispetto e la fiducia che porta all'obbedienza, non sono stati assimilati dal bambino. A questo punto, recuperare il rapporto genitore-figlio è importante e impostare una politica educativa basata sulla coerenza e la trasparenza, facendo partecipare anche il figlio nella strategia di recupero del rapporto, secondo l'età del figlio, può essere un passo necessario che anche il figlio accetterà di fare.

Solo dopo aver recuperato il rapporto con il figlio, si può tornare a parlare di educazione. Quando i figli sono vicini all'età dell'adolescenza, dovrebbe essere già parte di loro il senso del singolo e il senso di responsabilità. In altre parole, dovrebbero essere in grado di agire da persone che pensano per se stesse e che agiscono in modo responsabile.

Si tende a considerare i figli adolescenti incapaci di controllarsi, vogliosi di esplorare il mondo e di fare esperienze di vita, spinti dall'esplosione ormonale e dalla nuova prospettiva di indipendenza. Non dimentichiamoci che i figli hanno già attraverso altre fasi di cambiamenti e di scoperte con la sola differenza che questa volta la presenza costante del genitore non è più possibile e forse nemmeno necessaria. Il genitore regola e vigila sugli orari, sulle disponibilità economiche e su qualunque cosa possa essere dannosa per il figlio.

In ogni caso il messaggio che deve essere comunicato con la massima chiarezza ai figli è quello sulle responsabilità, ma per sostenere con vigore questo messaggio occorre che anche i genitori siano, nel loro ruolo, coerenti e responsabili.

Le responsabilità delle cattive azioni compiute alla presenza di nostro figlio, cioè, senza che lui cerchi di allontanarsi da chi esprime anche solo l'intenzione di compierle, non si possono sempre attribuire ad altri membri del gruppo degli amici di nostro figlio. Molte volte sono i genitori stessi che spostano le responsabilità dei loro figli sui loro amici. E' colpa di quell'amico che trascina mio figlio in queste cose. Non si pensa che le colpe spostate sugli amici siano semplici tentativi di nascondere che non siamo stati in grado di educare nostro figlio ad avere stima di se stesso, cioè, a considerarsi per quello che sa di essere e non come gli amici lo definiscono.

A una certa età, prima di diventare adulti, i figli che avranno avuto alle spalle genitori che si sono messi in discussione, aperti al dialogo e al confronto con i propri figli e con altri genitori, dovranno fare la scelta di seguire o no gli insegnamenti ricevuti e i genitori a loro volta dovranno decidere se condividere o no la scelta fatta dai loro figli.

Il rispetto della scelta fatta dai figli, anche se non condivisa, permetterà ai genitori di continuare a fare i genitori, e ai figli, ormai adulti, di avere sempre la possibilità di una scelta.

Non serve scegliere la via che inevitabilmente porterà all'interruzione del rapporto, reso evidente dai continui litigi per ogni cosa, ma riconoscere che un figlio adulto ha il diritto di scegliere in modo diverso rispetto ai propri genitori non perché questi ultimi sono stati incapaci di educarlo, ma semplicemente perché è in grado, essendo adulto, di fare scelte proprie.

Le regole in gioco

I figli crescono e, alla fine, arriva il momento in cui iniziano a uscire senza i genitori non solo per andare a scuola ma anche per trascorrere il tempo libero con gli amici.

Vediamo alcune regole specifiche che possono aiutare sia i genitori sia i figli a vivere con maggiore tranquillità questa delicata fase di transizione verso l'età adulta. E' tempo delle sperimentazioni sul campo dei concetti assimilati in età evolutiva.

Regola 1 - Lo scherzo

Quando si scherza tra amici o con chiunque altro, è chi subisce lo scherzo che ne determina il livello e la durata. Se in qualsiasi momento chi sta subendo lo scherzo dovesse dire basta, piangere, smettere di ridere per lo scherzo o dovesse comunicare in qualsiasi altra forma di non gradire più lo scherzo, questo deve subito finire, altrimenti non è più uno scherzo.

Regola 2 - Comportamento rispetto al gruppo di amici

Quando i tuoi amici parlano di cose che non condividi, proponi loro di cambiare discorso e allontanati subito da loro prima di esserne coinvolto, come segno di disappunto.

Quando i tuoi amici iniziano a fare cose che non condividi, allontanati subito da loro, come segno di disappunto.

Regola 3 - Comportamento responsabile

Prima di fare qualsiasi cosa assicurati di averne il diritto e nel dubbio fermati e rifletti sulle possibili conseguenze delle tue azioni.

Non fare la pecora. Usa la tua testa quando sei con gli amici.

Capitolo 4 – I figli e i loro genitori

Questo capitolo si concentra sugli aspetti che riguardano la scelta educativa che i genitori compiono nei riguardi dei figli. Inoltre considera come le diverse condizioni dei genitori, sposati o non sposati, lavoratori o non lavoratori, separati o conviventi, possano influire sul modo di educare i figli, e sulla capacità dei genitori di capire le risposte che i figli danno, attraverso il loro comportamento, al metodo educativo che si usa in casa. In nessuno dei casi trattati si vuole minimizzare l'amore che il singolo genitore possa avere per il proprio figlio, ma si cerca solo di evidenziare alcuni punti di attenzione da tenere presente quando si parla di educazione dei figli.

Il tempo rubato ai figli

I figli possono essere uno o più e possono essere di sessi diversi, come anche i genitori possono essere uno o due, sposati o non sposati, insieme o separati. Vedremo cosa vuol dire "agire per il bene della famiglia" nel capitolo che parla dell'applicazione del metodo del "castigo preventivo", ma qui introduco il concetto di agire per il bene dei figli.

Non basta diventare genitori per considerarsi e sentirsi educatori capaci. Occorre valutare quanto delle nostre energie e quanto del nostro tempo vogliamo dedicare al figlio per assicurarci che possa crescere con le conoscenze e i valori che intendiamo trasmettergli.

Molti di voi avranno già letto questa storiella, reperibile in svariate forme in internet, che parla del padre lavoratore, ma il lettore può facilmente capire che potrebbe allo stesso modo trattarsi anche della madre lavoratrice.

Figlio: "Papà, posso chiederti una cosa?".

Papà: "Certo, di cosa si tratta?".
Figlio: "Papà, quanto guadagni in un'ora?".
Papà: "Questo non ti riguarda. Perché vuoi saperlo?".
Figlio: "Volevo solo saperlo. Per favore dimmelo, quanti soldi guadagni in un ora?".
Papà: "Se proprio lo vuoi sapere, guadagno €100 in un'ora".
Figlio: "Oh!.
Figlio: "Papà, mi presteresti €50?".
Il padre incredulo si arrabbiò.
Papà: "Sei incredibile, scommetto che la ragione per cui me lo hai chiesto era per avere i soldi per qualche nuovo gioco o qualche altra cosa senza senso, adesso tu fili dritto nella tua stanza e pensa al perché stai diventando così egoista. Io lavoro duro tutti i giorni per te e questo è il modo in cui mi ripaghi."

Il bambino andò in silenzio nella sua stanza e chiuse la porta. Dopo qualche tempo, il papà si calmò, e cominciò a pensare che non aveva dato al figlio il tempo di spiegarsi, magari aveva davvero bisogno dei soldi per qualcosa di importante e pensò che era in ogni caso compito suo saperlo.

L'uomo andò nella stanza del bambino e aprì la porta.

Papà: "Stai dormendo?".
Figlio: "No papà, sono sveglio".
Papà: "Stavo pensando, forse sono stato troppo duro con te prima. È stato un giorno faticoso per me oggi e mi sono scaricato su di te. Questi sono i €50 che mi hai chiesto".

Il bambino si sedette subito e cominciò a sorridere.
Figlio: "Oh, grazie papà!"

Subito da sotto il suo cuscino prese delle banconote stropicciate. Il padre vide che il bambino aveva già dei soldi, e quasi fu di nuovo preso dalla rabbia ma vedendo il bambino contare i soldi con questo grosso sorriso si fermò solo ad osservare.

Papà: "Perché vuoi altri soldi se ne hai già tanti?".
Figlio: "Non ne avevo abbastanza, ma adesso, si. Vorrei comprare un'ora del tuo tempo in modo che tu possa venire a casa prima domani e stare con me."

Questa storiella serve a spiegare come i figli possono percepire il tempo che i genitori dedicano a loro. Ecco perché è necessario capire cosa significa "agire per il bene dei figli" prima di diventare genitore-educatore. Il figlio della storiella pensa che il padre spenda il suo tempo al lavoro perché riceve lo stipendio, mentre il padre pensa di fare il bene del figlio e della famiglia lavorando. Queste situazioni ci sono e quando non si riesce a passare del tempo con i propri figli per essere noi stessi a trasmettergli i valori che desideriamo, è inutile far finta di niente e sperare che in qualche modo qualcun altro avrebbe potuto colmare il desiderio che il figlio ha di suo padre.

A volte il figlio impara a percepire la mancanza del padre proprio dalla madre che, a sua volta desidera avere suo marito a casa ma non sa come fare. Capisce che i motivi per i quali suo marito passa tante ore al lavoro sono i motivi che permettono alla sua famiglia di mantenersi con il tenore di vita che hanno concordato. In questi casi il bambino percepisce la difficoltà della madre nella gestione delle attività di tutti i giorni e trova la conferma nel comportamento della madre quando finalmente rientra il padre, se sente frasi del tipo:

"Ecco, sei arrivato, i figli sono tuoi, guardali tu adesso."

"Ah, ho capito, sei ancora in ufficio, niente, no no niente."

Qualunque lavoro si faccia, quando si rientra a casa con il solo intento di riposarsi e magari di trovare la cena pronta non dovrebbe essere difficile immaginare che i figli si sentano trascurati. Basta nascondersi dietro al pensiero di non avere scelta. In concreto la scelta è fatta e dobbiamo solo riconoscerla e poi difenderla insieme, madre e padre, per il bene del figlio, bene materiale e bene psicologico.

La percezione del figlio di essere trascurato può essere eliminata dai genitori solo quando le diverse scelte lavorative che portano via ai figli il tempo di uno o di entrambi i genitori sono veramente volute e condivise.

Chi ha più di un figlio

Sarà capitato anche a voi di sentire parlare di famiglie o di conoscere famiglie con più figli, uno cresce in un modo e un altro cresce in modo totalmente diverso. Certo ogni figlio è unico e i modi di esprimere le emozioni possono variare da un figlio all'altro ma non può che essere uguale il grado di assimilazione dei valori educativi che i genitori avranno voluto passare. Parlo di figli senza deficit di attenzione o di apprendimento. Alcuni bambini oggi si comportano come se avessero un deficit dell'attenzione solamente perché non sono stati abituati fin da piccoli all'attesa, al rispetto e alla richiesta. Quando ai genitori sfugge che la poca fatica fatta nell'educazione dei figli quando sono bambini piccoli si trasforma in maggiore fatica quando crescono, spesso manca a loro la capacità di farsi ascoltare dai figli già prima dell'adolescenza. Il linguaggio verbale e gestuale tra genitori e figli evidenzia questa mancanza quando i figli iniziano a "mandare a quel paese" i genitori. Con i termini "poca fatica" mi riferisco a tutte quelle volte che i figli sono lasciati a se stessi da piccoli o ricevono tutto quello che chiedono senza mai dover rinunciare solo perché i genitori non vogliono affrontare la reazione davanti a un "no" detto ai figli. I "no" non sono detti a caso o come metodo di educazione del tipo "devo dire di no così impara a rinunciare". I "no" vanno motivati sempre in un rapporto e così anche tutte le rinunce fatte sono da comunicare e motivare, come forma educativa. Per esempio un figlio può ricevere dagli amici cinque inviti a uscire alla settimana.

Se il figlio avesse chiesto di uscire tutte e cinque le volte, fissare il limite delle uscite a tre volte la settimana sarebbe sembrato normale a questi genitori.

Se invece il figlio si auto-limitasse e decidesse di chiedere ai genitori di uscire solo due delle cinque volte che viene invitato, i genitori per insegnare a rinunciare potrebbero decidere che uscire due volte la settimana sia troppo e negano il permesso, ma in questo modo non considerano che il figlio è già in grado di rinunciare.

Questa tecnica è usata anche nel "marketing" quando si vuole vendere la bibita grande: per orientare il pubblico verso l'acquisto della bibita grande è sufficiente creare la bibita media e fissare il suo costo a poco meno del costo della bibita grande. Per esempio la bibita piccola costa €2.0 la media €4.0 e la grande €4,50. La logica spingerà a comprare o la piccola o la grande.

I genitori dovrebbero incentivare la comunicazione in famiglia in modo da prendere le decisioni basandosi su dati reali derivanti dal vissuto raccontato di ogni membro della famiglia, o almeno i genitori dovrebbero avere la sensibilità di ascoltare i figli e di rivedere la decisione presa quando si accorgono di aver dato un giudizio senza conoscere tutti i fatti. Con il metodo del castigo preventivo, i genitori dovrebbero prima informarsi e poi decidere, in modo da non dover cambiare la decisione presa a causa di una leggerezza.

Chi ha più di un figlio potrebbe rischiare di dedicare molto tempo al primo e sempre meno tempo dal secondo in poi. Nelle famiglie numerose alcuni compiti che, senza dubbio sono riconosciuti come compiti dei genitori quando si tratta del primo figlio, vengono affidati ai fratelli più grandi nei confronti dei fratelli più piccoli. Questo non è necessariamente un male nella misura in cui i fratelli più grandi sono parte della decisione dei genitori di avere altri figli. Quando un padre e una madre decidono di avere figli si dovrebbero preparare a questo evento importante e dovrebbero preparare anche i figli nei confronti di un nuovo nato in famiglia.

Da quando nasce il secondo figlio alcune attenzioni che il primo figlio ha avuto in modo esclusivo al secondo mancheranno e non si deve fare finta che non sia cosi, lo è semplicemente e ai genitori questo deve essere evidente. Quando nasce il terzo figlio, le attenzioni che i primi due hanno avuto senza attese, per esempio, un genitore che si occupava di loro sempre quando chiamavano, al terzo figlio a volte mancheranno, in quanto, occupandosi di due dei tre figli uno dovrà per forza attendere che si liberi uno dei genitori. La situazione che si crea è chiaramente diversa da quella di quando si ha un figlio solo.

Le attenzioni che i genitori danno ai figli possono essere fisiche, per esempio farli mangiare, fare le coccole e fare il bagno, o anche mentali come il gioco insieme e la capacità di seguirli e di orientarli in tutte le fasi della crescita.

Il primo figlio potrebbe non capire perché tutte le attenzioni che erano per lui vengono in parte riservate al secondo arrivato. La sensazione di perdita che prova il primo figlio, nella maggior parte dei casi, non passa in modo automatico.

Alcuni genitori pensano che il primogenito si abituerà all'idea del fratellino e quindi dedicano poco tempo alla preparazione all'evento, prima che lui inizi a vedere la mamma col pancione. Come visto prima, l'arrivo di un nuovo membro nella famiglia riguarda tutti e coinvolge tutti in tutte le fasi.

Come allora possiamo impostare la vita di famiglia per evitare che ogni nascita porti con sé gli scombussolamenti dai quali poi si creano le manifestazioni di "gelosia" nei figli o di stress nei genitori?

Dovrebbe essere un'esigenza dei genitori portare il figlio a vivere e manifestare le emozioni che prova nei confronti del nuovo arrivato e nei riguardi di entrambi i genitori. Molti conoscono questo fenomeno come "gelosia" ma pochi sanno come e quando i loro figli l'hanno superata, se mai l'hanno superata.

I figli vanno amati ma senza annullare se stessi o il rapporto di coppia perché da una sana vita di coppia i singoli genitori trovano la forza necessaria per affrontare tutte le sfide interne ed esterne alla coppia.

Quando nasce un figlio, anche se ciò avviene dopo un lungo periodo di attesa, la coppia non deve cedere alla tentazione di diventare solo i custodi del figlio ma deve cercare e si deve prendere del tempo per vivere la vita di coppia dopo la nascita del figlio e durante tutte le fasi di crescita. In questo modo il bambino cresce sapendo che non tutto il tempo dei genitori è per lui e troverà normale il fatto che verrà dedicato tempo anche ai fratellini.

Figli di genitori sposati poi separati

I figli di genitori sposati poi separati richiedono un'attenzione nella scelta educativa condivisa da entrambi i genitori e questo non è sempre possibile. Per questi genitori, agire per il bene del figlio assume un ruolo molto più rilevante perché il figlio sarà necessariamente e continuamente sottoposto alle conseguenze di quei fatti che hanno portato i genitori a separarsi. I genitori che pur vivendo insieme non agiscono più come una coppia, possono essere considerati genitori separati, anche se vivono ancora sotto lo stesso tetto. Non si può essere coerenti nel compito educativo solo in apparenza sperando o pensando di fare la cosa migliore per i figli, a meno che il livello di rispetto e di collaborazione tra i genitori non sia il più sereno possibile. Quando la convivenza invece è litigiosa o comunque non serena, i figli non devono essere coinvolti e non devono in alcun modo essere costretti ad assistere ai continui litigi tra i genitori. Anzi, a volte la situazione che si crea richiederebbe una separazione proprio per il bene dei figli.

Se nonostante abbiano un figlio i genitori non riescono a riconciliarsi, le cause della separazione non saranno mai banali. In alcuni rari casi le cause della separazione iniziano proprio con l'arrivo del figlio, due esempi frequenti si vedono quando la madre dedica troppo tempo al figlio e il padre si sente trascurato, oppure quando il padre lascia a carico esclusivamente della madre tutte le attività di cura del figlio, della famiglia e della casa.

Nei casi in cui i genitori si separano quando hanno già figli, questi tendono a far ricadere su loro stessi le cause della separazione dei genitori. In modo diverso da bambino a bambino, manifestano la perdita di quella fiducia totale che una volta avevano nei genitori, e per la prima volta sono obbligati a rendersi conto che anche le promesse più solenni di amare per sempre possono essere infrante. La paura che i loro genitori non li amino più andrebbe affrontata insieme, entrambi i genitori e i figli, ma questo è realmente possibile solo quando il bene del bambino è messo davanti all'orgoglio personale dei genitori.

Quando la separazione è motivata anche da un rischio fisico reale, per uno dei genitori o per il bambino, come nelle situazioni di pericolo già denunciate alle forze dell'ordine, le fasi di preparazione del bambino devono essere mirate prima a proteggerlo dal pericolo e poi con l'aiuto di uno psicologo, impostare un piano d'azione per il figlio e per il genitore.

Un genitore che è capace di fare del male intenzionalmente al proprio figlio non può essere giustificato né dalla stanchezza, né dall'alcool, né dalla droga, né da qualsiasi altra cosa che non sia la pazzia, e in questo caso le capacità di questo genitore di educare il figlio sono molto compromesse.

Figli di genitori mai sposati

I figli di genitori mai sposati e che vivono separati possono avere tutte le caratteristiche dei figli dei genitori sposati e poi separati ma solo quando la scelta di diventare genitore sia stata una scelta consapevole, condivisa e ponderata. Le rispettive responsabilità e doveri per la crescita in un ambiente sereno per i figli sono le medesime per tutti i genitori.

I casi di genitori singoli non per scelta ma per violenza non sono trattati in questo libro e per questi genitori, che hanno a cuore l'educazione dei loro figli, consiglio di fare un percorso con uno psicologo che li possa aiutare a trovare il modo di affrontare e di inquadrare le eventuali conseguenze della violenza subita e così permettergli di prepararsi al meglio all'accoglimento e alla crescita di un figlio.

Per le mamme che scelgono di avere un figlio e di crescerlo in modo autonomo senza coinvolgere il padre, casi visti maggiormente nei paesi dove si hanno più agevolazioni per le mamme single che per quelle in coppia, la decisione può essere davvero per il bene del figlio, a mio avviso, se le mamme non attribuiscono le cause della loro condizione a errori o dispiaceri per il proprio vissuto. Per esempio aver avuto un padre violento o una madre che non ha saputo proteggerle o che a sua volta ha usato violenza su di loro. Può nascere in questi ultimi casi il bisogno di mostrarsi diverse e capaci di tenere il figlio al riparo da tutte queste violenze.

Ci sono anche casi in cui la scelta di far risultare i figli solo della madre è da parte di entrambi i genitori per ottenere o per non perdere le agevolazioni economiche. Quanto questi genitori amano i loro figli non è in discussione ma sarebbe necessario un approfondimento delle scelte educative per garantire che i valori che ritengono importanti siano veramente trasmessi ai figli in modo coerente.

Quando si decide d'essere genitori non sposati ma conviventi, la scelta può nascere da fattori diversi ma, in generale, è pilotata dalla poca fiducia nell'istituzione del matrimonio, dal pensiero che non serve il matrimonio per dimostrare il proprio amore al compagno o alla compagna, oppure semplicemente perché non si sono verificate le condizioni che si ritengono necessarie per sposarsi. Se la scelta di non sposarsi è condivisa da entrambi i genitori, e non è guidata da problemi non risolti nella vita dei genitori, il clima che si crea in famiglia è molto simile a quello della famiglia di genitori sposati, in quanto non è difficile andare nella stessa direzione anche per quanto riguarda la scelta del metodo educativo e le regole sono maggiormente accettate da tutti i membri della famiglia.

Parlando di tipi di famiglie e di scelte dei metodi educativi più appropriati, non esiste una scelta migliore in se stessa ma bisogna sempre considerare i motivi che portano alla scelta fatta.

Una coppia può essere portata a scegliere il matrimonio pur non credendoci per tradizioni famigliari o per insistenza da parte dei loro genitori.
Una coppia può essere portata a non scegliere il matrimonio pur sognandolo per il ricordo di un matrimonio difficile o litigioso da parte dei loro genitori.
Per evitare di pagare maggiori tasse o per impossibilità di condividere le ricchezze individuali, una coppia può essere portata a scegliere la convivenza.

Capitolo 5 - Il primo segreto educativo

Immaginate nella vostra mente vostro figlio o vostra figlia così com'è adesso. Ora immaginatevi la sua vita andando indietro nel tempo cercando di ricordarvi più cose possibili fino al giorno della sua nascita.

Ora avete di fronte la delicata creatura che, senza poter dire la propria, è totalmente dipendente da voi per essere orientata verso il modello di persona che il genitore-educatore vuole.

Spesso sento dire dai genitori che "hanno fatto di tutto per i loro figli" ma in molti casi i genitori hanno fatto di tutto principalmente per se stessi. La giustifica per eccellenza è sempre stata quella di fare tutto per il benessere futuro dei nostri figli ma quello che conta nell'educare è il benessere attuale, il benessere di tutti i giorni. Per "benessere" qui si intende "essere bene", "trovarsi bene" in qualsiasi stato emotivo. Essere bene nella gioia per fare cose gioiose, essere bene nella tristezza per conoscerla e saperla vivere, essere bene nell'amore che permette le relazioni, essere bene nella rabbia per imparare a gestirla e a dominarla, essere bene nel pianto per imparare che le lacrime non sfigurano la persona. Le lacrime puliscono la visuale che abbiamo di noi stessi e delle persone che ci circondano, le lacrime danno sapore alla vita e per un attimo lavano via parte delle maschere che indossiamo e rivelano un pezzo della nostra vera natura. Spesso le cose per cui ora piangiamo un tempo sono state le cose per cui abbiamo riso o saranno le cose per cui ben presto rideremo.
Il segreto dell'educazione è talmente palese che spesso sfugge alla nostra attenzione: **i figli imparano e si lasciano**

educare sempre, da chiunque (genitori, insegnanti, amici ecc.) e da qualunque cosa (ambiente, TV, riviste, internet, ecc.). Il lavoro di saper educare è tutta responsabilità dei genitori. Far crescere la delicata creatura a noi affidata è compito di noi genitori, siamo noi a decidere cosa possono imparare e vedere e di cosa possono fare esperienza. Poi queste delicate creature si comporteranno nel mondo a seconda di ciò che hanno imparato. Il genitore-educatore dovrà essere attento a cogliere tutti gli aspetti discordanti tra ciò che lui si aspetta dal figlio, ciò che offre al figlio e ciò che il figlio fa. Per esempio non potrà aspettarsi che il figlio non dica parolacce se lui per primo le utilizza in casa.

Fare propria questa conoscenza (il segreto) e diventarne parte cosciente richiede, non solo di divenirne consapevoli, cioè consapevoli del fatto che i figli si lasciano educare sempre e la scelta dei canali educativi è esclusivamente responsabilità dei genitori, ma richiede anche l'onestà di riconoscere che se i figli si comportano in modo diverso da ciò che si desidera è a causa dei propri errori. Si è difronte a un'unità di misura calibrata sui genitori e non più sui figli.

Quello che noi genitori-educatori dimentichiamo è che anche noi ci lasciamo educare da chiunque o da qualunque cosa (TV, giornale, amici, internet, sport). Vi sarà capitato di sentire gruppi di persone che parlano per esempio del calcio, e sono tutti esperti di strategie calcistiche, chi far giocare e perché, che giocatori vendere o comprare. Tutti si sentono esperti senza mai chiedersi chi li ha istruiti sull'argomento, per non scoprire che stanno solo facendo eco a voci che hanno sentito da altri.
Leggendo questo libro ci si prepara attraverso semplici esempi e attraverso una verifica costante calata nel vivere quotidiano all'inevitabile compito educativo.

Capitolo 6 - Che cos'è il castigo nell'educazione

Dopo uno sbaglio o dopo una trasgressione, segue il castigo, un insieme di azioni da compiere per cercare di far capire a nostro figlio o figlia che il torto fatto non deve ripetersi. Il genitore valuta il torto subito e decide la gravità e la durata della punizione da inferire. In alcuni casi la punizione assume anche un carattere corporale, per esempio, uno schiaffo o una sculacciata.

Nel linguaggio comune, la parola "castigo" si usa, generalmente, quando tra gli elementi in gioco c'è un rapporto personale e non solo professionale. Allora si può fare uso del castigo per formare o per educare un figlio. Parlare di punizione nell'ambiente educativo domestico non deve quindi tralasciare l'elemento emotivo-relazionale che per forza di cose ne deve fare parte. La punizione senza questo elemento di relazione avrà solo lo scopo di impedire che l'azione sbagliata sia ripetuta, invece di essere un atto educativo.

La figlia tredicenne di una mia conoscente, di nome Sofia, dopo aver preso un brutto voto a scuola è dovuta stare senza lo "smartphone" per una settimana. Durante i giorni della punizione Sofia si chiudeva in camera sua a fare i compiti e nel tempo che avanzava, leggeva un romanzo o scriveva nel suo diario.

Un allenatore di calcio per ragazzi alza la testa e vede Stefano che spinge via un suo compagno mentre erano in fila, subito chiede a Stefano di fare due giri di corsa intorno al campo. Stefano cerca di spiegarsi con l'allenatore dicendo di aver solo reagito a una spinta che aveva ricevuto lui prima, ma nella confusione che seguì, tutta la squadra fu costretta, per punizione, a fare due giri del campo.

Un ragazzino, Marco, correndo in giro per casa, passa per la cucina dove urta la mamma e non solo non chiede scusa, ma si permette anche di rispondere con tono scocciato al richiamo della mamma. Pochi secondi dopo corre fuori di nuovo ma stavolta piange, perché lo schiaffo che ha preso non se lo aspettava proprio. Aveva finito di correre per casa.

Abbiamo visto tre forme di punizione: Sofia costretta a stare senza lo "smartphone" per una settimana a causa dei brutti voti presi a scuola, Stefano e suoi compagni costretti a fare due giri extra del campo a causa della confusione dovuta alle difficoltà di spiegarsi e Marco che solo dopo lo schiaffo smette di correre per casa.

Dopo la lettura di questo libro, allo scopo di fare qualche esercizio, potremo tornare ad analizzare questi tre casi in un'ottica di punizione, di castigo e di "castigo preventivo", e di vedere alla luce delle conoscenze nuove come questi tre casi potevano presentarsi e come potevano essere affrontati dopo aver scelto di seguire il metodo di "castigo preventivo".

Applicando il metodo del castigo preventivo sia le cause che portano ai castighi sia gli effetti derivanti dai castighi imposti dai genitori subiscono apprezzabili cambiamenti, proprio in forza della valorizzazione del fattore relazionale tra i membri della famiglia o gruppo.

Capitolo 7 - Come funziona il metodo del castigo preventivo?

Il metodo che propongo e che ironicamente ho chiamato "castigo preventivo" offre al genitore un nuovo punto di vista sull'educazione, e pone lo sguardo più verso l'adesso e il futuro, che è lo sguardo ideale per un'educazione sana, duratura e naturale, e non verso il passato. Mettere in pratica questo metodo renderà voi e i vostri figli co-responsabili del processo educativo stesso.

Il metodo riduce il fattore soggettivo nella valutazione della gravità e della durata del "castigo" da infliggere ai figli, perché metterà i genitori nella condizione di ascolto del figlio o della figlia in qualsiasi situazione. Il genitore impara così a educarsi per educare in modo naturale, uscendo dalla posizione di giudice che i metodi tradizionali ci propongono.

Molte delle cose che facciamo e che diciamo ai nostri figli le abbiamo apprese dai nostri genitori, e senza esserci mai interrogati sulle loro efficacia le facciamo e le diciamo a nostra volta ai nostri figli. Diamo spesso automaticamente credito alle maniere che hanno usato i nostri genitori con noi, a volte per paura di un confronto con i nostri genitori. Per esperienza diretta so che i nostri genitori, pensando d'aver fatto tutto il possibile per noi, si sentono subito sotto accusa e scatta in loro la necessità di difendersi davanti alle occasioni di confronto. Il confronto con i propri genitori non va visto come un'accusa o una rivincita su di loro, per questo è importante la condivisione della scelta di essere genitori che applicano il metodo del castigo preventivo a tutti i membri della famiglia allargata.

Fermarsi a pensare a come ci sentivamo noi quando eravamo bambini con genitori che imponevano, senza dubbio può essere un aiuto utile per entrare in sintonia con il metodo o per aderirvi in modo cosciente.

Capitolo 8 - Il secondo segreto educativo

Educare non prevede castighi o punizioni.

Sono certo che queste parole possano suscitare stupore o dubbi, che in questa fase della vostra vita di genitori-educatori rischiano di offuscare la comprensione diretta di quello che scrivo, ma v'invito a continuare con la lettura perché tra non molto, questa affermazione diventerà chiara, comprensibile e applicabile.

Ripeto, dunque, che educare non richiede castighi o punizioni.

L'arte o il compito di educare i nostri figli è un processo continuo e non conosce soste. La distinzione tra l'arte di educare e il compito di educare sta nell'atteggiamento e nella percezione che i genitori avranno del loro ruolo in famiglia e, quando ci sarà armonia e serenità nei rapporti tra i famigliari, si potrà parlare di "arte di educare", in quanto i genitori esprimono in modo coerente con quanto trasmettono ai loro figli il loro modo di essere attraverso le scelte che fanno. Un esempio comune è quando uno o entrambi i genitori fumano ma chiedono ai loro figli di non fumare. In questi casi i genitori pretendono che i figli imparino gli aspetti negativi legati al fumo ma non dando loro l'esempio. Ci sono molte altre scelte di vita che possono creare conflitto con i figli quando questi iniziano ad avvicinarsi all'età dell'adolescenza che non sono neanche percepite come discutibili (l'onestà nelle piccole cose, il rispetto per tutti...).

Il problema più grande è che molto spesso noi genitori siamo educatori di reazione. Educhiamo i nostri figli in reazione ai loro "sbagli". Ci prendiamo delle soste dal

nostro compito educativo in attesa che siano i figli stessi a richiamarci al nostro ruolo, obbligandoci a uscire dalla modalità passiva in cui spesso ci troviamo.

Marco, che nell'esempio di castigo tradizionale correva in casa e urtando la mamma ha dovuto subire una punizione, attraverso il metodo del castigo preventivo avrà la possibilità di imparare, in modo del tutto naturale, a non correre né in casa né in qualsiasi altro luogo chiuso. Sarà necessario un solo fattore: essere genitori continuamente attivi nel loro ruolo di educatori. Il genitore attivo sarà cosciente del fatto che a Marco piace correre ma che quando corre in casa, anche senza provocare incidenti, l'azione del metodo non può non entrare in gioco. Quindi non si deve intervenire perché urta qualcosa, si deve intervenire perché corre.

Se Marco corre in casa molto probabilmente sta giocando da solo mentre i genitori sono impegnati in altro. Lasciare giocare il bambino da solo può avere aspetti positivi quando si è in un contesto controllato dai genitori. In altre parole, i genitori non devono sentirsi liberi perché il figlio sta giocando da solo. Il genitore attento all'educazione costante del figlio vigila sul figlio anche quando, in teoria, il figlio è da solo. Ecco uno dei motivi per cui molti sostengono che i figli non vanno lasciati da soli davanti alla televisione senza la presenza di un genitore che sceglie cosa far guardare al figlio, e che inoltre è pronto a spiegargli le scene che il figlio potrebbe capire in modo sbagliato, oltre a rispondere a qualsiasi domanda posta dal figlio con la serenità di un educatore. Non dimentichiamoci che i figli apprendono in continuazione da noi, dall'ambiente, dalla televisione e da qualsiasi altro apparato o persona con cui entrano in contatto.

L'educare senza punizioni richiede una severità con se stessi e una continuità che garantisce che le conseguenze delle azioni o le loro possibili conseguenze siano sempre individuate, discusse, spiegate al figlio o alla figlia. Non appena possibile le conseguenze delle azioni saranno individuate dai figli stessi in modo indipendente.

Educare quindi non richiede un castigo o una punizione perché spesso le punizioni si riducono a una reazione istintiva del genitore priva di qualsiasi giudizio obiettivo. L'unico scopo della punizione è far capire all'altro di aver sbagliato. A volte la punizione è più grave semplicemente perché il ragazzo ha messo in ridicolo il genitore in pubblico.

A volte la punizione è più pesante perché il genitore è stato costretto a confrontarsi con le proprie paure e nella speranza di non trovarsi più ad affrontarle aggrava la punizione. Questo, per esempio, succede quando un bambino sfugge al controllo del genitore rischiando d'essere investito da una macchina e riceve uno schiaffo.

Può succedere che se il punito minimizza la punizione spesso la punizione viene aggravata per paura che il punito consideri poca cosa il castigo ricevuto, quindi è presto pronto a ripetere lo sbaglio.

E' per togliere tutti questi soggettivismi dall'educazione che vi dico che l'educazione non richiede castighi. L'unico requisito davanti a uno sbaglio è di mettere chi sbaglia davanti alle conseguenze del suo errore. Le nostre emozioni, ansie o paure non devono condizionare la nostra percezione delle possibili conseguenze d'uno sbaglio, per esempio non chiudo in casa la mia unica figlia solo perché una volta ha attraversato la strada senza guardare, mi assicuro che diventi più consapevole del pericolo. Giudicare lo sbaglio sull'onda delle emozioni è molto soggettivo, giudicare le conseguenze dello sbaglio prima di agire obbliga il genitore a essere più oggettivo.

Se abbiamo punito il figlio per una cosa per la quale ci siamo spaventati ma che in realtà non aveva alcuna conseguenza importante, è nostro compito recuperare il nostro errore spiegando al figlio che siamo stati spinti da un'emozione e che in realtà abbiamo sbagliato noi: al bambino di tre anni "mi dispiace di aver urlato quando ti sei allontanato, mi sono spaventato perché io ti avevo perso di vista".

Simone è un bambino vivace, parla un po' tanto e ha una parlantina molto scorrevole. Una sera suo padre torna a casa dal lavoro stanco dalla giornata in fabbrica. Subito nel vederlo Simone inizia a raccontargli la sua giornata, solo che allo stesso tempo il padre stava raccontando a sua moglie delle difficoltà che aveva avuto al lavoro quel giorno. Il padre, dopo qualche secondo, si rivolge a Simone dicendogli di fare silenzio per un po' perché sta parlando con la mamma. Simone insiste e finisce in camera propria in castigo per dieci minuti.

Che ragionamenti possono aver fatto i due genitori prima di mandare Simone in castigo?
Simone ci disturba?
Simone non sa aspettare e non obbedisce?
Simone deve saper rispettare i tempi degli altri?
Simone è un bambino e quello che ha da dire può aspettare?

Il metodo del castigo preventivo permette ai genitori di saper distribuire il tempo anche in base alle esigenze di ogni singolo membro della famiglia. Il rispetto reciproco che il metodo esalta rende più facile creare un ambiente in cui ciascuno trova il tempo di esprimersi. Raccontare la propria giornata lavorativa alla moglie non doveva avere la priorità sulla gioia di un bambino che vede il padre dopo tante ore di assenza.

Capita a volte che nessuno dei due genitori chieda poi al bambino Simone di raccontare quello che aveva da dire.

Valutare la conseguenza delle azioni prima di agire fa sì che il bambino riceva la giusta correzione, senza fattori esterni che possono influenzare il giudizio dei genitori. Se un'azione richiede un intervento educativo, non ci sono scuse per non farlo né per i genitori né per i figli, in qualunque stato o condizioni essi si trovino (handicap, malati, dislessici, con genitori separati, figlio unico, ricco, povero). Se un bambino di genitori separati insulta un altro bambino, non può essere giustificato il suo comportamento con lo stato di sofferenza in cui si trova, ma andrebbe in ogni caso richiamato al rispetto dei compagni. In altre parole non esiste "poverino" quando si tratta di educare, perché spesso il "poverino" è anche quello che ha subìto il torto. Se un bambino con un handicap si rifiuta di fare una cosa che il suo stato non gli impedisce di fare, tale stato non può essere una giustifica per il suo rifuito.

Ogni azione merita la giusta reazione. I complimenti quando si tratta di una buona azione e il richiamo quando si tratta di una cattiva azione. Facendo così i genitori si rendono conto da subito che i loro figli compiono molte più azioni buone rispetto a quelle negative che portano al castigo.

Non dire niente davanti a una buona azione non è uguale ad aver fatto i complimenti. A mio avviso, dovrebbe trovare più spazio il tempo dei complimenti davanti a una buona azione rispetto al tempo della rabbia, del castigo e al tempo di far passare la rabbia. Ignorare i complimenti quando i figli compiono delle buone azioni porta a sottolineare il non positivo rispetto al positivo, e questo inevitabilmente porta a percepire come pesante il compito educativo dei genitori.

Capitolo 9 - Quali atteggiamenti dovrà avere il genitore che si prepara al ruolo educativo?

Quando i figli sono piccoli, appena nati, li osserviamo per escludere problemi fisici. Ha tutte le dita delle mani e dei piedi, la grandezza della sua testa è nella norma, è un maschio, è una femmina, gli organi sessuali sono definiti, la bocca, il naso, gli occhi, il colore della sua pelle, il colore dei suoi occhi, si muove in modo naturale. Osserviamo e siamo contenti quando è tutto a posto. Osserviamo e ci preoccupiamo quando uno solo degli aspetti di valutazione è compromesso.

Dopo poco tempo passiamo alla valutazione degli aspetti intellettivi ed emotivi. Reagisce agli stimoli esterni uditivi e visivi, sorride, emette dei suoni, piange quando ha fame, si scarica, urina, dorme.

Il genitore osserva e cerca degli indizi per capire cosa esprime il figlio o la figlia. Unisce gli indizi e interpreta in ogni momento lo stato di benessere del bambino. Se piange, forse ha fame. Se piange dopo aver mangiato, forse si è scaricato, se piange dopo aver mangiato ed essersi scaricato, forse gli fa male qualcosa.

Nella maggior parte dei casi con questa constante osservazione e interpretazione, se il genitore è attento ai messaggi dei figli e rispetta i loro ritmi, i figli arriveranno all'età della consapevolezza e dell'intenzionalità senza grossi problemi.

Raggiunta l'età in cui i figli possono manifestare l'intenzione di compiere certi atti, il genitore che si avvale del metodo del castigo preventivo potrà impostare dei punti di verifica in linea con la maggiore consapevolezza del ruolo educativo che gli compete.

Il genitore che educa dovrà dunque osservare e interpretare le emozioni che i figli manifesteranno a qualsiasi età della crescita, in modo da accompagnare i figli stessi, guidarli e orientarli verso i valori educativi che intende far emergere in loro.

Il secondo atteggiamento che vorrà far suo il genitore che intende usare il metodo del castigo preventivo è quello della non centralità. Sapersi mettere in discussione senza considerare la propria posizione come corretta solo in virtù della propria anzianità. Mi è capitato di vedere una famiglia che scendeva dal treno con un bambino di circa quattro anni. Il bambino appena messo piede a terra cominciò a camminare velocemente verso un cancello e pochi passi dietro di lui lo seguivano i suoi genitori, mentre tutti gli altri passeggeri camminavano verso un altro cancello. Arrivati al cancello chiuso, la mamma disse al bambino: 'Tesoro non si può uscire da qui, non vedi che il cancello è chiuso?' Questi genitori pur pensando che la direzione che aveva preso il bambino era sbagliata, nel contesto in cui si trovavano hanno "perso" qualche minuto seguendo il bambino lasciandolo esprimere il suo essere autonomo. Cosa sarebbe successo a quel bambino se per coincidenza quel cancello fosse stato aperto?
Probabilmente sarebbero usciti da lì e non avrebbero ritenuto necessario spiegargli che era stato solo un caso l'averlo trovato aperto e che normalmente avrebbero dovuto tornare indietro e uscire dal cancello indicato. La sua azione non avrebbe ricevuto la correzione necessaria per portarlo negli anni successivi ad avere consapevolezza di sé e di ciò che lo circonda.

Ogni giorno può capitare di vedere adulti in un centro commerciale che si fermano di colpo in mezzo alla corsia senza il minimo pensiero alle altre persone che stanno camminando dietro a loro, o che si spostano a destra e a sinistra senza pensare che c'è già qualcun altro nello spazio che loro cercano di occupare.

Capitolo 10 - Il terzo segreto educativo

L'educazione non comprende la rabbia. La rabbia non è inclusa e non è giustificata mentre si svolge un ruolo educativo. Il metodo del castigo preventivo insegna a togliere totalmente la rabbia dal compito educativo, trasformando l'impulso ad arrabbiarsi in occasione di verifica e in segnale d'allarme di un difetto d'applicazione del metodo stesso.

Dopotutto mettendo al mondo i nostri figli e assumendo il ruolo di educatore, non stiamo implicitamente dicendo che gli forniremo noi il sapere durante tutto il periodo della crescita? Come per il linguaggio, i nostri figli imparano a esprimersi come noi e le parole che utilizzano spesso le hanno sentite utilizzare da noi genitori. Quindi, non è forse necessario interrogarsi su tutti gli elementi che i figli esprimono per assimilazione dai genitori? Arrabbiarsi da educatori implica non riconoscere un comportamento dei nostri figli e attribuire a loro la capacità d'aver autonomamente e volontariamente messo in atto qualcosa che non hanno imparato da noi, o meglio di cui noi ignoriamo d'essere gli artefici. Rivelato a noi dai nostri figli, assume l'aspetto di un'accusa così diretta che ci fa rifugiare nella rabbia, un tipico atteggiamento che esprime il non riconoscimento di essersi presi in passato una pausa dal compito educativo.

Come avrà fatto vostro figlio o vostra figlia a imparare ciò per cui vi siete arrabbiati se siete stati proprio e sempre voi, fino a una certa età, il suo unico educatore responsabile? Vi siete presi delle pause dal vostro ruolo di educatori? Faticate ad ammettere che il comportamento messo in atto da vostro figlio o figlia in fondo è l'evidenza di una vostra mancanza? Non sono forse queste mancanze a essere mascherate dalla rabbia? La rabbia offusca il vostro giudizio sia quando si tratta di educare i vostri figli sia quando si tratta di verificare il vostro stesso operato. E' come mettersi alla guida con i sensi offuscati dal vino, nessuno se lo augura.

Capitolo 11 - Applicazione del metodo del castigo preventivo

Prima di entrare in dettaglio nel metodo è necessario intendersi su alcuni aspetti della vita vissuta che, se condivisi e capiti, rendano più naturale l'applicazione del metodo del castigo preventivo e il suo inserimento nella vita di tutti i giorni. Noi oggi possiamo fare in modo che i figli che mettiamo al mondo siano frutto di un desiderio nostro. Il mettere al mondo un figlio non dovrebbe avere lo scopo di riempire un vuoto o rinsaldare un rapporto che sembra vacillare. Il desiderio di diventare genitori è il primo passo verso l'accettazione di quelle responsabilità che l'amore senza condizioni permette di esprimere in modo gratuito. Tra queste responsabilità deve trovare posto anche l'espressione della modalità educativa da applicare. Non può essere sufficiente improvvisare al momento in base a quello che capita. Non ci sono manuali per l'educazione di ogni singolo figlio ma con questo libro possiamo imparare una modalità che permetta ai genitori di guardare e di educare ogni figlio per quello che realmente è.

La gratuità.

Per la maggior parte delle persone la gratuità è dare senza chiedere niente in cambio. Che cosa possiamo dare gratuitamente ai nostri figli? Da genitori che educano, che cosa diamo gratuitamente ai nostri figli? Le necessità dei figli vanno dai bisogni materiali ai bisogni affettivi fino ai bisogni di sicurezza. Tutte queste cose vengono concesse ai figli dal genitore con sentimenti equilibrati senza pensare a una ricompensa. Ma in questo processo non va sottovalutata o considerata di minore importanza la capacità di ricevere gratuitamente.

La gratuità sarebbe quindi dare senza ricevere niente in cambio ma è anche ricevere senza dare niente in cambio. Quando questi due aspetti della gratuità sono presenti gli effetti dell'educazione nella gratuità sono quelli desiderati.

In concreto, quali sono le cose che possiamo davvero dare gratuitamente ai nostri figli?

La prima cosa, che è anche la più difficile e forse addirittura l'unica necessaria, è la dimostrazione continua della gioia di averli. Questa gioia si traduce poi in figli liberi, sicuri di sé e consapevoli.

Si percepiscono liberi di essere loro stessi.

Diventano sicuri che non gli mancheranno mai l'amore e il sostegno dei genitori.

Diventano consapevoli che anche loro sono capaci di esprimersi gratuitamente.

Possiamo donare gratuitamente solo le cose che possediamo gratuitamente e in abbondanza come l'amore e il perdono. Quando si dona l'amore si riceve la serenità, quando si dona il perdono si riceve la continuità del rapporto e la possibilità di andare avanti o di ricominciare.

La voce

La voce è uno strumento di comunicazione molto potente che può essere utilizzato in vari modi per raggiungere scopi semplici, come la comunicazione diretta, e complessi, come nel caso della comunicazione ironica. Solo variando alcuni aspetti della voce, come il tono, possiamo dire una cosa e allo stesso tempo possiamo comunicarne un'altra.

I genitori fanno ampio uso della voce nel processo educativo e già dalla fase della gestazione incominciano a rivolgersi al bambino, soprattutto per soddisfare la loro esigenza di dimostrare attenzione verso di lui. Si dialogherà poi con il bambino, dopo la nascita, per permettergli di imparare la lingua parlata dei genitori. Un modo particolare di uso della voce è quello di alzarla per segnalare un pericolo, per avere l'attenzione oppure per rimproverare qualcuno.

In base agli obiettivi da raggiungere la voce deve essere adeguata nel tono e nel volume prima di emettere il primo suono. Spesso parliamo ai nostri figli senza aver chiarito a noi stessi che cosa intendiamo comunicargli, senza prestare attenzione al tono della voce riguardo alla situazione che stiamo vivendo. L'utilizzo di un tono di voce alto quando si comunicano cose poco significative, rende poi difficile per i bambini distinguere l'importanza delle cose dette in fase di correzione. I figli colgono questa indifferenziazione nella comunicazione e si comportano di conseguenza, ignorando i richiami non importanti così come quelli importanti. Capita a tanti bambini oggi di non riuscire a fermarsi per ascoltare i loro genitori ma di proseguire nelle loro attività e distrazioni. Mi sono chiesto se questi figli siano in grado di cogliere solo dal tono della voce dei genitori il tipo di messaggio che sta per arrivargli.

L'applicazione del metodo del castigo preventivo tiene conto di quanto comunicato anche con il nostro silenzio.
Può succedere che si comincia a dire qualcosa, per esempio a fare una minaccia, ma poi per qualche motivo si decida di non completarla (vedrai cosa ti succede...). Le cose non dette pesano quanto quelle dette quando si è in una relazione. Un altro esempio: un genitore che fuma o beve si avvicina al figlio per abbracciarlo, ma il figlio è infastidito dalla puzza dell'alito del padre e non accoglie totalmente il suo

abbraccio, respingendolo leggermente senza dire niente. Con il suo gesto non verbale afferma il suo disappunto.

Le cose non dette

Le parole non pronunciate possono avere lo stesso effetto delle parole dette ad alta voce, a volte, addirittura, possono raggiungere il destinatario più velocemente e in modo più incisivo delle parole pronunciate. Da adulti possiamo capire che il potere dello sguardo può sostituire frasi intere e il contesto in cui si svolgono gli eventi è determinante per trovare la chiave di interpretazione dello sguardo. I figli imparano presto a riconoscere l'umore dei loro genitori dalle espressioni facciali ancora prima di imparare a capirli dalle parole pronunciate. In una famiglia i genitori puntano a creare un ambiente sereno in cui la condivisione e la convivenza facilitino la mutua conoscenza. Si impara a conoscere le abitudini gli uni degli altri e si studiano continuamente modi per vivere insieme in modo armonioso. In molte famiglie questa armonia viene persa proprio quando i figli crescono e decidono di manifestarsi per quello che sono. Le cose non dette sono alla base delle nostre vite, determinano il livello di intimità nella famiglia e quindi anche tra il genitore che educa e i figli. L'intimità del rapporto tra genitori e figli è paradossalmente più influenzato da cose non dette che da cosa dette. Possiamo avere relazioni apparentemente belle solo grazie al fatto che certi argomenti non sono trattati. Un esempio di questo tipo di rapporto si è visto nei casi di bambini adottati quando i genitori adottivi hanno voluto tenere il bambino all'oscuro della sua adozione. Per quanto poteva essere bello il rapporto tra i famigliari, non si può escludere che l'educazione del figlio adottato non sia stata in qualche modo sempre condizionata da questa verità nascosta che non doveva essere svelata al figlio.

Una conseguenza delle cose non dette è anche la bugia, quando si dicono per lasciare la cosa non detta nello stato di "non detta". E' evidente quanto questa situazione possa incidere sul livello di confidenza in un rapporto. Il genitore che ha un segreto che lo condiziona, lo manifesta inconsciamente anche nella scelta educativa che farà, e spesso pagherà per questo tutta la famiglia. Non posso non evidenziare l'intenzionalità delle cose non dette, il genitore o il figlio scelgono di non raccontare un avvenimento o un fatto rilevante per la mutua crescita spesso per paura di qualche altra conseguenza che si crede fuori dal proprio controllo.

La reazione del genitore agli eventi gioca un ruolo importante per quanto riguarda quella sincerità diretta che chiediamo ai nostri figli. Se la reazione è eccessiva, è già di per sé punitiva, i figli faranno molta fatica ad ammettere di aver infranto una regola o di aver rotto una cosa anche per sbaglio. In generale la fluidità nella relazione e nelle conversazioni sarà limitata a causa delle necessità di tenere dei segreti.

Chi ride

La risata va sempre capita e interpretata nel contesto degli avvenimenti dal genitore che educa e, con il giusto allenamento questo processo diventa automatico e viene svolto senza il minimo sforzo. Il lavoro anche qui consiste in una conoscenza dello stato generale del contesto famigliare. Chi ride, ride per le cose felici o divertenti. Ridere per le cose tristi o non divertenti può denotare una incapacità di analizzare le circostanze in cui ci si trova o una incapacità di comprendere le proprie emozioni. Per esempio se un figlio ride alla notizia di una tragedia, è il caso di affrontare con lui con calma l'argomento.

Quando c'è armonia e serenità, la risata è spesso presente e funge da misuratore dello stato di equilibrio tra i membri della famiglia. Chi non ride potrebbe nascondere un carattere profondamente introverso, una incapacità di comprensione o un grado di disaccordo che il genitore attento dovrebbe essere in grado di cogliere. Il metodo del castigo preventivo esige questa attenzione da parte dei genitori verso i figli e verso l'ambiente circostante.

La risata può anche essere usata come modo per sottolineare un disaccordo. Quando un genitore fa una richiesta ai figli e questi ridendo se ne vanno senza prestare molta attenzione a ciò che è stato chiesto loro, si può cogliere un ritardo del genitore nell'accorgersi della maturazione dei figli. Spesso in questi casi, i genitori chiedono cose per le quali i figli si ritengono troppo grandi per ascoltarle, raccomandazioni troppe ripetute o consigli superflui (guarda bene la strada prima di attraversare la strada o portati un maglione che fa freddo). Il genitore attento sa cogliere questi momenti e adegua il linguaggio e l'atteggiamento all'età dei figli. E' vero che un figlio è sempre percepito come piccolo, ma quando ha una certa età inizia a costruire la propria identità e sperimenta cosa diverse anche con il proprio aspetto. Si incontrano ancora genitori che faticano a capire che il figlio dovrebbe avere piena autonomia nel decidere, per esempio, se tenere o no la barba o come pettinarsi. Il punto da cogliere qui potrebbe essere quello di lavorare in anticipo con i nostri figli educandoli al rispetto del loro corpo, e avere rispetto poi delle scelte che faranno.

Chi fa finta di niente

Generalmente un bambino nei primi anni di vita inizia a testare il grado di fermezza dei genitori facendo finta di non sentire quando riceve una richiesta, proprio come i genitori, a loro volta, fanno finta di niente perché vogliono testare il grado di attenzione o di autonomia dei figli. Il genitore-educatore che usa la fermezza aiuta il bambino ad acquisire sicurezza, ma solo se agisce sempre con coerenza. Se chiama il bambino perché vuole che venga da lui, accompagna da subito la chiamata con il gesto di andare a prendere il bambino, portandolo al luogo da cui era stato chiamato. In questo modo il bambino da subito capisce che alla chiamata si risponde. Quando i figli invece sono cresciuti e sono in una età in cui è chiesto il rispetto anche delle loro attività e tempi, il genitore attento impara a dialogare con i figli e non può più imporre loro il proprio tempo. Diventa necessario scambiarsi informazioni reciprocamente. Per esempio quando un figlio inizia a fare i compiti di scuola, considera quel tempo dedicato a qualcosa di serio e importante. Sa che quando terminerà potrà dedicarsi ai suoi passatempi. Il genitore però nello stesso pomeriggio ha delle commissioni da fare e non vuole lasciare a casa il figlio da solo. Invece di dare per scontato che il figlio interromperà ciò che sta facendo per uscire, discuterà in anticipo con il figlio per trovare una soluzione. Per esempio potrà chiedere al figlio di giocare prima e poi fare i compiti mentre lei è dalla parrucchiera. Già dall'età della frequenza scolastica i figli hanno il diritto di essere informati in anticipo dei programmi dei genitori e vanno aiutati a maturare la capacità di organizzare il loro tempo e il loro lavoro in autonomia. Il dialogo continuo sin dalle prime fasi della crescita aiuta a ottenere ottimi risultati anche in tutte le fasi successive.

Chi alza la voce

La voce può essere alzata per segnalare un pericolo o per richiedere un'attenzione immediata e diretta ma non può essere il tono con cui si comunicano le informazioni correttive. Se fosse un buon metodo anche i genitori accetterebbero e pretenderebbero lo stesso atteggiamento dai loro figli. Il genitore che adotta il metodo del castigo preventivo, impara presto a non considerarsi infallibile e accetta la reciproca correzione con serenità e come forma di investimento per un futuro più armonioso. Consapevoli di essere tutti, genitori e figli, parte di un sistema di crescita in cui ciascuno in base alle responsabilità contribuisce al rispetto del metodo, il genitore si rivolge sempre ai figli con rispetto, e anche i figli si rivolgono con rispetto ai genitori sempre.

Ci si deve chiedere in quali circostanze noi educatori siamo pronti ad alzare la voce: quando ci aspettiamo di trovarci davanti qualcuno per cui abbiamo rispetto o qualcuno che consideriamo inferiore, per il quale abbiamo poco rispetto? Essere più piccoli d'età non significa essere inferiori. E' evidente che alzare la voce con un superiore sul posto di lavoro sia considerato offensivo, ma lo stesso vale anche per il superiore che alza la voce nei confronti di un subordinato. Parlando del luogo di lavoro spesso alzare la voce è solo un modo per mettersi in mostra o per imporsi sugli altri, ma in famiglia mettersi in mostra o imporsi sugli altri non è necessario.

Chi pratica la punizione corporea

Il metodo del castigo preventivo condanna ogni forma di punizione corporea perché, se quello fosse un metodo corretto, anche i genitori-educatori accetterebbero la stessa modalità dai loro figli o da altri adulti. Va oltre lo scopo di questo libro considerare quando la punizione corporea è utilizzata da genitori o educatori patologici, che manifestano le loro sofferenze e carenze sfogandosi sui figli. A questi consiglio di intraprendere un percorso di analisi personale che li aiuti a riscoprire o a scoprire se stessi. Questi genitori possono essere aiutati dal metodo del castigo preventivo a migliorare, imparando a mettere in opera atteggiamenti di controllo prima dell'azione.

La punizione corporea continuativa è vista come un fallimento totale nel compito educativo, e quella sporadica come un momentaneo fallimento del genitore nel suo ruolo di educatore. La punizione corporea porta con sé l'ammissione di aver fallito con il dialogo, di non avere la capacità di controllarsi e soprattutto evidenzia l'impulsività del genitore davanti a una situazione che invece richiederebbe un intervento educativo chiaro e calmo.

Spesso il genitore agisce con la punizione corporea, poi se ne pente e in qualche modo cerca di farsi perdonare dal figlio.

La verità

La verità è ciò che pensiamo, è ciò che siamo, è ciò che diciamo ed è ciò facciamo. Ciò che pensiamo determina ciò che diventiamo, diciamo le cose in base a quello che siamo, e agiamo in conseguenza a ciò che siamo diventati. Da adulti sappiamo che tutti indossiamo delle maschere e raramente possiamo conoscere il vero volto di una persona, anche quando di tratta di persone con le quale abbiamo una relazione intima. Per esempio il papà stanco morto da una giornata di duro lavoro che nasconde la stanchezza per giocare con i figli, oppure la mamma che esausta da una giornata di duro lavoro nasconde la propria stanchezza e comincia a preparare la cena. La cosa migliore sarebbe "non arrivare a casa stanchi morti" anche rinunciando a un po' di benessere economico, per avere ancora energie da dedicare al resto della famiglia.

Il vero volto si rivela solo nella verità. La verità ci caratterizza e ci responsabilizza. La verità vissuta diventa la testimonianza più concreta che il genitore può dare al proprio figlio. Si tratta di mettersi in rapporto con i figli senza indossare troppe maschere. In questo modo il genitore conosce il figlio e il figlio conosce il genitore. Essere testimoni di verità con i propri figli non è certo un compito facile in quanto la nuda e cruda verità non sempre è un bene (il gatto è stato sfracellato da una macchina rispetto a il gatto è stato investito da una macchina). Ma la verità non va tenuta mai nascosta, a volte va espressa in modo che possa essere compresa dal bambino che ascolta ma non deve mai perdere la sua vera forma. Capita che i bambini chiedano come sono nati. Gli interrogativi che i bambini si pongono sulle attività sessuali, sul concepimento, sul parto sono da considerarsi normali e parte della curiosità che accompagna la crescita. Certi genitori provano imbarazzo davanti a queste domande perché ragionando da adulti faticano a condensare le conoscenze che hanno sulla sessualità in poche parole adatte a un bambino. Allora le risposte date dai genitori non preparati vanno dalle cicogne ai cavoli. La risposta invece deve essere semplice e deve comunicare al figlio alcuni elementi importanti, come il desiderio di diventare genitori e l'unione tra genitori che rende possibile il concepimento. La società, che spesso noi tutti condanniamo, ha messo davanti a noi una struttura che non permette ai genitori di porsi con fierezza nella verità. Alcune ricorrenze dell'anno in cui si comprano regali ai figli sono state studiate per far sì che i primi a mentire ai propri figli siano proprio i genitori. Non dire la verità a fin di bene o mentire a fin di bene è sempre stato causa di discussioni, ma quando chi riceve la mezza verità capisce che può essere uno strumento che potrà usare a sua volta, il gioco è fatto. A volte sono i genitori stessi a invitare i fratelli più grandi a reggere l'inganno nei confronti dei fratelli più piccoli. Si tende a non voler analizzare questi comportamenti, socialmente accettati da molti, per la paura di apparire poi diversi dagli altri ma non illudiamoci che siano senza conseguenze sulla struttura educativa che usiamo per i nostri figli.

I peccati

Nel linguaggio di tutti i giorni spesso si sente dire: "peccato che..." Con peccato intendo riferirmi a tutti quei momenti che sottolineiamo d'aver perso ogni volta che usiamo l'espressione: "peccato che tu...". Questi peccati possono essere: eventi non vissuti insieme alla famiglia come i primi passi del figlio o la prima parola detta dal figlio. Questi momenti persi, normalmente, vengono lasciati cadere senza valutare i motivi che hanno portato all'assenza del genitore in quel momento importante. Sarebbe utile riflettere sul motivo della propria assenza e ragionare per porvi rimedio. Questo permetterà che un domani un figlio rimproveri il genitore dicendo "peccato che tu non ci sia mai stato" oppure "peccato che tu non te ne sia mai accorto".

Nelle famiglie d'oggi un genitore è fuori casa per lavorare per il bene della famiglia. La chiave di lettura che s'intuisce subito è che " è per il bene della famiglia". Agire veramente per il bene della famiglia giustifica tutti quei momenti di assenza che noi genitori riteniamo un peccato perdere. Ma come si fa ad agire sempre per il bene della famiglia? Facendo coincidere i desideri, cosicché quello che desidero per me lo concedo anche a qualsiasi altro membro della famiglia. Se dopo il lavoro decido che mi merito di prendere un aperitivo con gli amici per rilassarmi, il tempo del mio essere fuori di casa si allunga e una volta tornato a casa dovrò essere molto disponibile in modo da non perdermi altri momenti importanti.

A volte ciò che è chiamato "bene della famiglia" è in realtà il benessere esclusivamente dell'individuo. Un esempio che uso sempre ma che ciascuno può adattare alla propria esperienza è quello di un direttore d'azienda che quando è al lavoro comanda tutti e può farsi servire anche nelle cose più semplici e banali, dalle fotocopie al caffè. Quando rientra a casa dal lavoro davanti alla moglie e ai figli non ha la stessa posizione di comando e può sentirsi dire: "Caro, porti tu fuori lo sporco". Pur non essendo un lavoro impegnativo portare fuori lo sporco, non si può negare l'impatto sulla personalità del direttore. Potrebbe quindi succedere che decida, più o meno inconsciamente, di passare più tempo possibile sul luogo di lavoro. La stessa cosa vale per una direttrice d'azienda che spesso è chiamata a difendere la sua posizione in una categoria di lavoro in cui il dominio maschile è schiacciante.

Tornare a fare la tenera mamma dopo una giornata di aggressività lavorativa non può essere senza impatto sulla sua personalità di mamma. Va a finire, come spesso si osserva, che deciderà di passare ancora più tempo al lavoro piuttosto che a casa.

Agire per il bene della famiglia richiede che tutti i membri della famiglia capiscano e sappiano che ciò che uno fa nel tempo che ha a disposizione deve essere a beneficio di tutti i membri della famiglia. Se in famiglia si accetta che uno o entrambi i genitori lavorino per mantenersi e per mettere da parte un risparmio, quel tempo dato al lavoro oggi per le necessità di domani non può essere una scelta unilaterale dalla quale sono esclusi i figli, anche quando i genitori pensano di fare il bene dei figli.

Non è sbagliato risparmiare per il futuro ma occorre essere consapevoli della scelta fatta da parte di tutta la famiglia. In questo modo i "peccati" sono giustificati e non sono visti come una colpa che di volta in volta si somma fino al punto di rottura.

Conclusione

Riprendiamo l'esempio della mamma che chiese alla sua bambina che lavoro voleva fare da grande e la bambina che rispose dicendo: 'Vorrei fare la mamma.' e poi 'Vorrei fare la mamma e un po' anche il papà.' In questa storiella la bambina afferma che vorrebbe essere come i propri genitori. Che cosa avrà visto nei suoi genitori? Possiamo ipotizzare che abbia visto un'armonia educativa come prima risposta. Ma come si raggiunge questa armonia educativa?

Idealmente le parti dovrebbero condividere l'adozione del metodo in modo da rendere immediatamente comprensibile ogni strategia messa in campo per il buon funzionamento dello stesso.

Il metodo del castigo preventivo può essere usato come decisione unilaterale da parte dell'adulto per impostare un rapporto con un bambino, con un adolescente, e con un altro adulto, quando il rapporto comprende un fattore di educazione o di formazione. Quindi è possibile che una delle parti lo applichi senza preventivamente concordarlo con l'altro.

In concreto quando un genitore-educatore è in grado di mettersi in discussione, cosciente del fatto che il proprio ruolo di genitore spesso non è accompagnato da una specifica o formale formazione, quando l'azione in famiglia sarà sempre per il bene complessivo di tutti i membri, quando la posizione di padre o di madre non sarà l'unica fonte di giudizio della correttezza delle nostre azioni ma a ognuno sarà data la possibilità di esprimersi alla luce di un accordo consapevole di mutua crescita, quando il rispetto sarà per la persona e la correzione sarà sulle azioni che la persona compie, allora si potrà intuire o addirittura si potrà comprendere il valore del metodo del castigo preventivo.

Il metodo punta a rendere chiara la differenza tra la persona e le azioni che la persona compie. Il figlio è amato a prescindere dalle azioni che compie e questo è evidente nei primi giorni e mesi della sua vita. Il genitore che non riconosce questo amore senza condizioni e che non si dedica con pazienza al compito di educare, non può negare di avere qualche altro interesse che antepone al figlio, per esempio la carriera lavorativa e l'accumulo di soldi.
Nei casi patologici in cui i figli sono maltrattati dai genitori il metodo non può trovare diretta applicazione, in quanto mancano alcuni dei fattori fondamentali per la sua applicazione, come il rispetto della persona del figlio e il rispetto di se stessi in quanto genitori attenti alla forma educativa dei figli. Educare presuppone il passaggio di tutte le informazioni necessarie per formare un comportamento. Vi sarà capitato di fare una richiesta a vostro figlio che normalmente non fate solamente perché avete degli ospiti, è probabile che vostro figlio non capirà il motivo della richiesta insolita e farà fatica a obbedire.

Immaginate di avere un credito di 1000 euro al vostro ristorante preferito e ogni volta che vi recate là a mangiare chiedete al gestore di scalare quanto avete consumato dal vostro credito. Quando ordinate da mangiare il gestore semplicemente confronta le vostre richieste con quanto avete sul credito e non si allarma finché non iniziate ad andare fuori copertura. A ogni ordinazione il gestore confronta la richiesta con la vostra copertura.

In modo simile posso spiegarvi il metodo del castigo preventivo, dividendo per macro categorie i diversi tipi di genitori.

Genitori impulsivi

Parto dai genitori che si comportano in modo impulsivo. Sono quei genitori a cui scappa ogni tanto la mano, a cui scappa di urlare che di per sé è già un atto aggressivo, i castighi eccessivi dati e poi cambiati per "pietà". Davanti al fatto appena compiuto il genitore che agisce in modo impulsivo arriva a dare un castigo del tipo: "starai per un mese senza il cellulare." Poi si rende conto che il cellulare non è solo uno strumento di gioco ma è utile anche per le comunicazioni, allora con la destrezza di cui sono dotati gli adulti, riduce la punizioni imposta facendo sembrare il suo un gesto di buona volontà nei confronti del figlio. Che cos'è che permette di mantenere l'impulsività nell'educazione dei figli? Direi il fatto di considerarsi sempre nel giusto e non riflettere sulle vere cause del proprio comportamento (stanchezza, irritabilità, malesseri fisici, la sensazione di non avere il tempo di affrontare i problemi in modo diverso). Per questi genitori consiglio l'utilizzo letterale del castigo preventivo. Fate fare ai vostri figli un'attività che abitualmente usate per il castigo e usate questo come il loro credito aperto al ristorante preferito. Quando compiranno qualche azione che a vostro parere merita un castigo, se l'azione compiuta può essere corretta dal castigo preventivamente svolto, semplicemente e senza rabbia analizzate insieme l'azione compiuta, verificate insieme il livello del "credito" e ristabilite la possibilità di un nuovo castigo preventivo. In questo modo la correzione si può concentrare sull'azione tenendo il bambino sempre sotto la sicurezza del vostro amore incondizionato. In modo automatico il genitore impara a consultare il "credito" aperto del figlio prima di mettere in moto l'azione correttiva, senza mai agire impulsivamente. Se voi genitori sarete in grado di riconoscere e di ammettere d'aver agito non secondo il patto educativo quando vi capiterà di agire impulsivamente, i vostri figli acquisiranno fiducia nel metodo educativo e a loro volta lo applicheranno prima di compiere una qualsiasi azione (per esempio uscire senza permesso).

Genitori non impulsivi

I genitori non impulsivi sono quei genitori già abituati a non scattare subito con il castigo davanti a un avvenimento, ma hanno la pazienza di cercare di capire le cause che hanno portato all'azione del bambino prima di rincorrere all'azione correttiva. Ricordate l'allenatore di calcio per ragazzi che alzando la testa vede Stefano che spingeva via un suo compagno mentre erano in fila e subito chiede a Stefano di fare due giri di corsa intorno al campo. Stefano cerca di spiegarsi con l'allenatore ma nella confusione che seguì tutta la squadra fu costretta a fare due giri del campo. Quell'allenatore avrebbe dovuto prendersi il tempo necessario per capire quanto era successo di preciso, e da adulto-educatore insegnare ai ragazzi che le situazioni che si creano quando l'adulto è distratto non si riversano sul gruppo, annullando così le responsabilità dei singoli.

La responsabilità del singolo nei confronti del figlio, deve essere gestita nei due sensi, sia davanti alle azioni belle sia davanti alle azioni non belle, dando al figlio i giusti complimenti per le azioni buone e il giusto richiamo per le azioni non buone, permettendo così al figlio di interiorizzare da solo quelle sensazioni di gratifica per una buona azione e di mortificazione per un'azione non buona.

Nelle famiglie purtroppo spesso l'attenzione verso i figli da parte di entrambi i genitori si esprime in modo convinto solo quando i figli fanno delle scelte o delle azioni non buone. Per esempio quando i genitori scoprono che il figlio fuma si trovano insieme, e con toni duri e seri cercano di dissuaderlo dal fumo. Invece quando scoprono che il figlio manifesta un interesse per un ramo di studio particolare impegnativo non vi si dedicano con lo stesso impegno.

I genitori non impulsivi sono in grado di arrivare alla causa delle azioni prima di dare il castigo, e nel frattempo possono decidere il castigo adeguato e mantenerlo effettivamente per il tempo deciso. Per i genitori non impulsivi il metodo del castigo preventivo letterale può avere la funzione di fortificazione della consapevolezza nel compito educativo anche da parte dei figli. I figli imparano presto a interrogarsi sulle azioni e le loro conseguenze, e crescendo questo permette loro di impostare anche i rapporti di amicizia sotto un'ottica di correttezza e di rispetto. Per esempio di fronte alle continue richieste di uscire da parte degli amici, il figlio cresciuto con il metodo del castigo preventivo dovrebbe essere in grado di considerarsi un individuo e di farsi percepire tale dagli amici. In questo modo sarà in grado di sapere che i compiti da svolgere non sono subordinati alle amicizie e che l'espressione di amicizia non va a scapito della coerenza del proprio comportamento.

La principale critica al metodo

Alcuni dei genitori a cui ho spiegato il metodo del castigo preventivo hanno espresso il dubbio che i figli, proprio in vista del fatto hanno fatto un castigo preventivamente, potrebbero essere invogliati ad andare avanti a comportarsi male.

Ho avuto modo di riflettere su questa possibilità e sono giunto alla conclusione che con il metodo del castigo preventivo, proprio per il fatto che pone l'attenzione principalmente sul rapporto di amore senza condizione per la persona, si impara da subito la collaborazione nell'educazione tra genitori e figli e questa favorisce un clima sereno in famiglia. E' come se per il fatto di avere un "credito" di 1000 euro al nostro ristorante preferito, ci sentissimo di dover mangiare sempre utilizzando tutto il credito e non fossimo in grado di capire come usarlo gradualmente in modo equilibrato.

Sarebbe come affermare che i figli amati, proprio per il fatto d'essere amati, sono invogliati a comportarsi male. Tutti noi sappiamo che la miglior garanzia per i figli è quella d'essere amati e benvoluti.

Sperimentare l'amore per i propri figli senza aspettative è una sensazione bellissima. Sperimentare l'amore nelle amicizie senza aspettative dà altrettante soddisfazioni.

Amare senza aspettative significa amare con impegno costante verso l'altro, non è amare e lasciare che le cose vadano come vanno, ma è amare e lasciare che le cose vadano secondo l'amore. Come le azioni compiute per il bene della famiglia sono accettate per buone quando ci sono tutte le premesse perché siano tali, così devono essere accettate per buone anche le azioni compiute per amore senza avere delle aspettative, senza scoraggiarsi subito se i risultati non sembrano essere quelli voluti e restando concentrati sulla continuità dell'applicazione del metodo.

Appendice

Significato dell'immagine di copertina

Un professore di filosofia in piedi davanti alla sua classe, prese un grosso vaso di marmellata vuoto e cominciò a riempirlo con dei sassi.

Una volta fatto chiese agli studenti se il contenitore fosse pieno ed essi risposero di sì.
Allora il professore tirò fuori una scatola piena di ghiaia, ne versò una parte dentro il vaso e lo scosse delicatamente. Ovviamente la ghiaia s'infilò nei vuoti lasciati fra i sassi. Ancora una volta il professore chiese agli studenti se il contenitore fosse pieno ed essi risposero di sì.

Allora il professore tirò fuori una scatola piena di sabbia, la versò dentro e lo scosse.

Ovviamente la sabbia riempì ogni altro spazio vuoto lasciato e coprì tutto.
Ancora una volta il professore chiese agli studenti se il contenitore fosse pieno ed essi risposero di sì.

Allora il professore tirò fuori dalla scrivania una bottiglia di acqua e la versò dentro il vaso.

Disse infine il professore: "Ora, pensate che questo vaso rappresenti la vita dei vostri figli. I sassi sono i valori più importanti, direi vitali, che volete trasmettere ai vostri figli. Se tutto il resto fosse perso, la vita di vostro figlio sarebbe comunque piena.

La ghiaia rappresenta le altre cose per voi importanti. La sabbia è tutto il resto, le piccole cose.

Se metteste dentro il vasetto per prima la sabbia, non ci sarebbe spazio per la ghiaia e per i sassi. Lo stesso vale per la

vita dei vostri figli: se dedicate tutto il vostro tempo e le vostre energie alle piccole cose, non avrete spazio per le cose che per voi sono importanti."

Appunti personali

Appunti personali